PAUVRETÉ ET MISÈRE

DISCOURS

PRONONCÉ DANS L'ÉGLISE DE S.-GERMAIN L'AUXERROIS

Le dimanche 7 février 1869

PAR

Le R. P. ADOLPHE PERRAUD

Prêtre de l'Oratoire

Professeur d'histoire ecclésiastique à la Sorbonne.

SE VEND UN FRANC

AU PROFIT DES PAUVRES DE MONTROUGE

PARIS

CHARLES DOUNIOL, LIBRAIRE-ÉDITEUR

49, RUE DE TOURNON, 29

1869

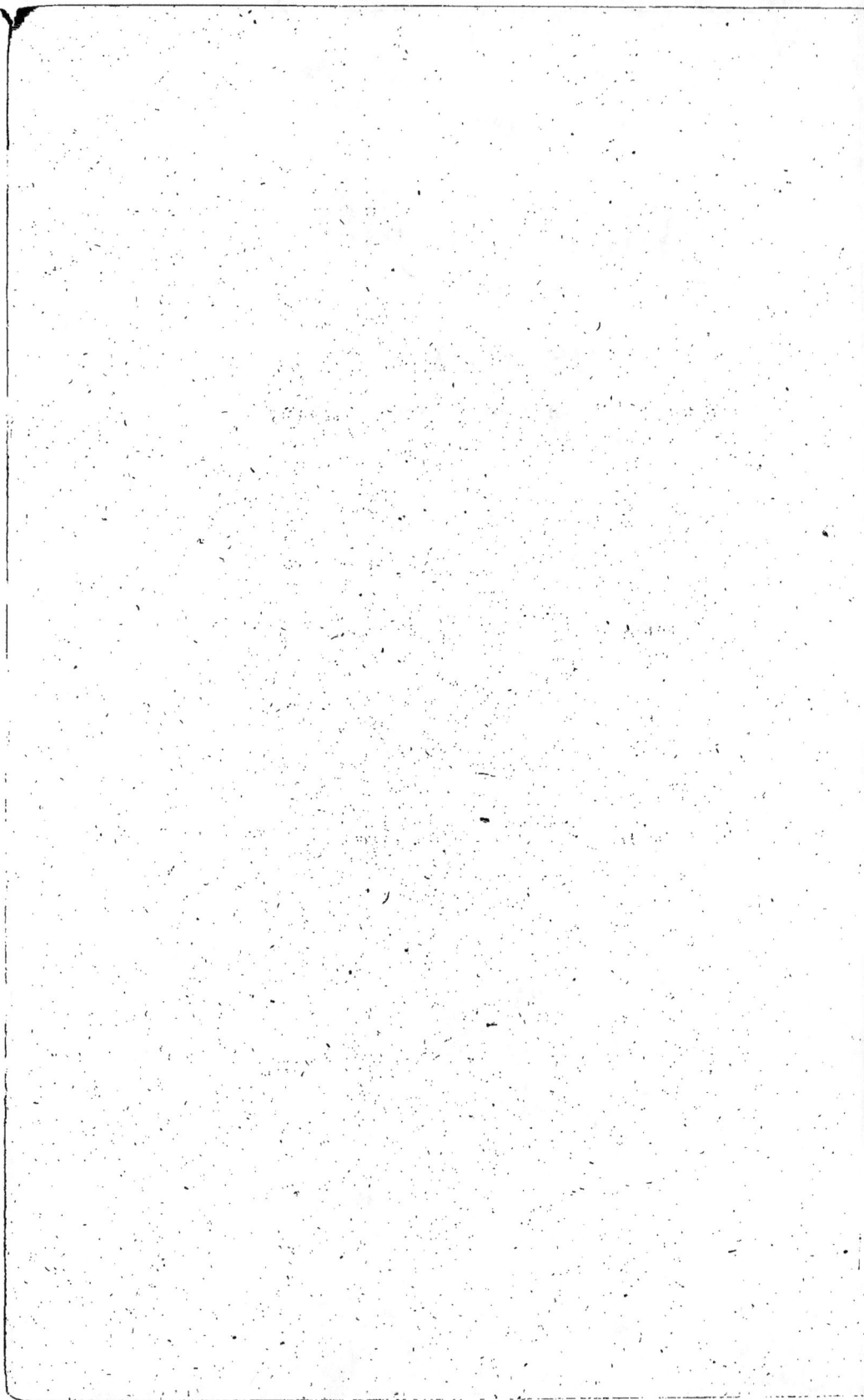

PAUVRETÉ ET MISÈRE

DISCOURS

PRONONCÉ DANS L'ÉGLISE DE S.-GERMAIN L'AUXERROIS

Le dimanche 7 février 1869

PAR

Le R. P. ADOLPHE PERRAUD

Prêtre de l'Oratoire

Professeur d'histoire ecclésiastique à la Sorbonne.

SE VEND UN FRANC

AU PROFIT DES PAUVRES DE MONTROUGE

PARIS

CHARLES DOUNIOL, LIBRAIRE-ÉDITEUR

29, RUE DE TOURNON, 29

—

1869

PARIS. — IMPRIMERIE DE VICTOR GOUPY, RUE GARANCIÈRE, 5.

PAUVRETÉ ET MISÈRE

Melius est mori quam indigere.
Mieux vaut mourir que d'être dans l'indigence.
(*Ecclésiastique*, XI-28.)

Je ne sache pas, mes Frères, de sujet à la fois plus ancien et plus nouveau, plus usé et plus actuel, plus banal et en même temps plus dramatique et plus saisissant que celui dont je viens vous entretenir ce soir.

Parlant des œuvres de l'esprit, La Bruyère disait au siècle de Louis XIV : « Tout est dit, et l'on vient trop tard depuis plus de « sept mille ans qu'il y a des hommes, et qui pensent. »

Et je dirais volontiers, à propos de la pauvreté et de la misère : « tout est dit, et l'on vient trop tard depuis plus de sept « mille ans qu'il y a des hommes, et qui souffrent. »

Oui, tout a été dit sur l'inégalité inévitable des conditions humaines et de la répartition des dons de la fortune, sur l'impossibilité radicale de bannir de ce monde toute souffrance et toute détresse, sur le malheur des pauvres, sur les devoirs des riches, sur les conséquences redoutables attachées à l'oubli de ce devoir ; et, mis en présence de ce thème de la pauvreté, si souvent et si éloquemment traité dans la chaire chrétienne, l'orateur sacré se demande avec inquiétude ce qu'il pourra dire à ses auditeurs qu'ils ne sachent d'avance, et qui soit autre chose qu'un écho très-affaibli des vérités que les Chrysostôme, les Bossuet, les Bourdaloue faisaient entendre à leurs contemporains sur ce grave et lamentable sujet.

Ici même, l'an dernier, presqu'à pareil jour, une voix qui m'est chère a fait entendre des accents qui vous ont justement émus. Partie du cœur, cette parole, presqu'improvisée en face d'une indicible misère, a trouvé dans sa surprise même et dans l'angoisse miséricordieuse dont elle a été saisie, le secret de pénétrer très-avant dans vos cœurs. Une quête magnifique, inespérée, a été la réponse de votre émotion et de votre charité à un appel sur lequel Dieu avait si visiblement répandu sa bénédiction [1].

On m'a demandé de venir plaider la même cause devant vous ; car, hélas ! la cause de la pauvreté est une cause toujours pendante devant le tribunal de la commisération publique. Gagnée hier, elle peut être perdue aujourd'hui si vos oreilles se ferment et si vos cœurs se fatiguent ! Et je suis venu dans cette Église qui, placée au centre de Paris, a l'honneur, qu'elle doit au zèle si intelligent de son vénérable curé, de voir se tenir tous les ans dans son enceinte les grandes assises de la charité chrétienne.

Oui ; c'est ici que tous les ans, pendant une semaine, un des plus magnifiques auditoires qu'il puisse être donné aux regards des anges et des hommes de contempler, la grande, la sainte légion de nos conférences de Saint-Vincent-de-Paul, vient retremper son zèle et exciter son ardeur au souffle de la parole de Dieu ! Moi-même, il y a quatre ans, j'ai eu le privilége de venir rompre à ces vaillants ouvriers de la charité le pain tout divin de l'Evangile.

Tous les ans aussi, c'est cette Église qui offre une hospitalité précieuse à l'assemblée de charité réunie pour aviser aux misères des pauvres de Montrouge, de ces pauvres dont les sœurs de Saint-Vincent-de-Paul se sont constituées avec un si admirable dévoûment les mères nourricières. Aussi, j'aime à penser que l'esprit et le cœur de cet incomparable apôtre de la charité favorisent de grâces particulières tous ceux qui viennent ici pour plaider la cause des pauvres et pour exalter les grandeurs de la charité chrétienne ! Puisse en effet ce grand saint, en touchant invisiblement vos cœurs, suppléer à ce que je ne saurai pas dire ! Que les espérances des protecteurs et des patrons de cette œuvre ne soient pas trompées ! C'est la quête du 2 février 1868 qui a permis aux sœurs de faire face aux nécessités de toutes sortes qui les ont assiégées sans relâche depuis un an. Que

[1] Le discours du R. P. Charles Perraud, de l'Oratoire, a été publié sous le titre de *Le Christianisme et la misère*, et se vend également au profit des pauvres de Montrouge.

celle d'aujourd'hui, mes Frères, réponde à leur attente, à leurs sollicitudes, à leur dévoùment : et si vous voulez que d'un seul mot j'aille au fond de la question, et que d'avance je rende succès de ce discours indépendant de l'insuffisance de ma parole, rappelez-vous que ce soir, vous tenez dans vos mains, non pas pour un jour, ni pour une semaine, mais pour une année tout entière, le sort de plus de vingt mille pauvres.

Mais avant de vous donner sur la situation de ces pauvres ces détails précis, authentiques, circonstanciés, qui font toucher du doigt la plaie sanglante de la misère au sein de cette immense cité, et qui ne permettent pas à la légèreté insouciante d'écarter, comme un fantôme importun, évoqué à plaisir par l'imagination des prédicateurs, ce personnage très-réel de l'indigent qui est comme nous fils du même Dieu, membre de la même Église, citoyen de la même patrie, et qui toutefois a sur cette terre une destinée si différente de la nôtre, n'y a-t-il pas à éclaircir, à la lumière de l'Évangile, quelques questions au sujet desquelles on se contente trop aisément d'idées toutes faites et de formules de convention ?

Voici par exemple cette parole de l'Esprit-Saint que j'ai prise pour texte : « Il vaut mieux mourir que d'être dans l'indigence. » N'est-elle pas bien nouvelle pour vos oreilles ? Comment la concilier avec les enseignements ordinaires de la foi sur cette grave question ?

En effet, nous disons sans cesse que la pauvreté est un état plus sûr pour le salut que la richesse. L'Évangile lui-même établit sinon la nécessité du droit, du moins la permanence de fait de la pauvreté au sein des sociétés humaines. Qu'est-ce donc que cette espèce de blasphème, dont nous ne serions pas surpris, s'il était proféré par ce socialisme chagrin et dangereux si prodigue de récriminations amères contre la société, et qui toutefois se présente à nous avec toute l'autorité de la parole révélée ? « La misère est pire que la mort. » *Melius est mori quam indigere.* Est-il possible que cette parole ne soit pas en contradiction formelle avec la théorie évangélique de la pauvreté ?

Non, mes Frères, il n'y a point de contradiction entre cet oracle de l'Ancien-Testament et ce que Notre-Seigneur Jésus-Christ a daigné dire dans le saint Évangile au sujet des pauvres.

Et il n'y a pas contradiction, parce-que, entre l'état de pauvreté que reconnaît, et même, si vous le voulez, que préconise l'Évangile, et cette affreuse misère que l'Esprit Saint dit être pire que la mort, il y a un abîme.

C'est un sophisme puéril ou coupable de les confondre l'une avec l'autre.

C'est une erreur et une faute d'abuser de cette confusion pour se tranquilliser sur l'existence et les incroyables excès de celle-ci en la rangeant dans la même catégorie que celle-là.

En d'autres termes, s'il y a parmi les hommes une inégalité de conditions qui résulte de la force même des choses ; que Dieu permet parce qu'en soi elle n'est pas un mal, et en vertu de laquelle il y a toujours eu et y aura toujours dans une même société des hommes ayant plus, des hommes ayant moins, c'est-à-dire des riches et des pauvres ; inégalité de conditions contre laquelle c'est une utopie de protester, parce qu'elle provient de causes inhérentes à la nature humaine, et qui se reproduiront toujours tant que cette nature demeurera ce qu'elle est, il y a aussi un degré de pauvreté et une forme de misère qui sont à la fois un outrage envers Dieu et un déshonneur pour la société. C'est ce degré de pauvreté dans lequel un homme peut s'appliquer en conscience, la terrible parole du livre de l'Ecclésiastique : « Mieux vaut mourir que de manquer de tout. » *Melius est mori quam indigere.*

i

La première de ces propositions est d'une évidence absolue, incontestable, pour quiconque n'a pas l'esprit gâté par des sophismes, et le jugement perverti par ces systèmes chimériques et insidieux qui ont la prétention de traiter les sociétés humaines comme des formules d'algèbre c'est-à-dire, sans tenir aucun compte de l'homme lui-même, et par conséquent de ses faiblesses, de ses vices, de ses passions, de ses misères physiques et morales de toute sorte.

Y a-t-il encore de ces rêveurs dangereux, de ces utopistes à courte vue, mais à passions violentes, qui caressent la chimère d'un état de choses où les biens de ce monde seraient également divisés entre chaque membre de la famille humaine, où, par conséquent, il n'y aurait ni riches, ni pauvres ? Ne perdons pas notre temps à réfuter longuement cette folie. On sait bien que quand même, par une sorte de miracle, il serait possible de constituer pour un instant cette égalité absolue, elle serait par la force des choses aussitôt détruite qu'établie. Car, à moins d'obliger les hommes par le plus insupportable et le plus minutieux des despotismes à ne jamais franchir les limites au-delà desquelles l'équilibre aurait cessé d'exister entre la fortune de celui-ci et la fortune de celui-là, le seul usage de la liberté aurait eu raison en quelques instants de cette égalité chimérique. Et quand on parle des hommes, tels que nous les voyons tous les jours, tels que nous sommes nous-mêmes, ne faut-il pas plutôt parler de l'abus que de l'usage de la liberté ? Ainsi, quand même, encore un coup, la puissance d'un législateur aurait réussi à asseoir pour un instant une société tout entière sur la pointe d'aiguille de cette égalité des biens, il est évident que le seul jeu des passions humaines, de l'ambition, de la paresse, de la volupté et d'autres encore, aurait aussitôt détruit cet arrangement factice, constitué des inégalités, et par conséquent fait des riches et des pauvres.

A ce point de vue, oui, il est vrai de le dire, la parole du Sauveur, dite cependant pour une circonstance particulière, peut être considérée comme une formule très-exacte d'une loi sociale générale, fondée sur l'essence des choses, et tout particulièrement sur la connaissance de la nature humaine. Et en vertu de cette loi, on peut dire qu'il y aura toujours des pauvres parmi nous !

Des pauvres ! c'est-à-dire des hommes qui n'apporteront point en naissant, ou qui auront perdu par le libre jeu des transactions humaines, cette somme de biens à l'aide de laquelle ils auraient pu vivre sans travail, ou du moins en ne se livrant qu'à un travail très-modéré ;

Des pauvres, c'est-à-dire des hommes qui, pour leur existence personnelle et pour celle de leurs familles, dépendront de leur labeur quotidien ; et, par ce côté, plus grands et plus utiles à la société que le riche qui vit sur un fond auquel souvent ses efforts libres et méritoires sont demeurés étrangers, ne doivent qu'à eux-mêmes, à l'exercice quotidien de l'énergie et de la volonté les ressources indispensables pour vivre ;

Des pauvres, c'est-à-dire enfin des hommes qui, n'ayant rien par eux-mêmes, et se trouvant empêchés de travailler par des circonstances indépendantes de leur volonté, trouveront dans une organisation intelligente de l'assistance chrétienne et dans la pratique sérieuse de la charité, ce strict nécessaire en deça duquel le problème de la vie devient insoluble.

Voilà, mes Frères, l'état de pauvreté que l'Évangile a reconnu, parce qu'il n'est qu'une conséquence du libre jeu de l'activité humaine ; parce qu'en soi, il n'est ni déshonorant, ni immoral, ni cruel; et parce que, dans un état de choses où l'Évangile serait vraiment le code des consciences, et le régulateur non pas seulement de certains actes de piété, mais de la vie tout entière, cet état de pauvreté trouverait son contrepoids providentiel et nécessaire dans une administration vraiment évangélique des biens de la fortune, de la part de ceux qui en sont les dépositaires.

S'il en était ainsi, il y aurait des pauvres, c'est-à-dire des hommes qui n'auraient ni capitaux ni revenus; — mais il n'y aurait pas d'indigents ni de misérables, c'est-à-dire des hommes manquant de tout.

J'ajoute que quand même l'Évangile, dans sa divine sagesse, ne se serait pas borné à consacrer une inégalité sans laquelle il est impossible de comprendre une société d'hommes doués de liberté et souvent mus par des passions, il aurait encore posé par là le principe de vertus sublimes auxquelles le monde serait demeuré étranger dans le système de l'égalité absolue des biens de la fortune.

C'est parce que les biens ne sont pas répartis également, c'est parce qu'il y a ici moins que le nécessaire, et là plus que le superflu qu'il y a lieu, d'une part, à la patience qui souffre, à la résignation qui espère, à la foi qui se confie en la Providence; et de l'autre à la générosité qui donne, à la charité qui se dévoue, à l'abnégation et au détachement volontaires du riche qui use de ses biens au nom de Dieu, comme administrateur des pauvres. Le règne de l'égalité eût été celui de l'égoïsme, et la devise d'un tel monde eût été ce fameux : « *chacun chez soi, chacun pour soi* » si justement honni par la conscience chrétienne. Dans l'autre système (à condition toutefois que les hommes et les chrétiens comprennent leur devoir), les plus puissantes et les plus douces des relations s'établissent entre ceux qui donnent leur cœur avec leur or, et ceux qui rendent leur cœur avec leur reconnaissance. Quand d'ailleurs le riche d'aujourd'hui veut bien se souvenir qu'il peut être à son tour le pauvre de demain, parce qu'ici-bas rien n'est sûr ni stable, et les dons de la fortune moins que tout le reste; quand il a conscience de cette éminente dignité de Providence seconde à laquelle la grande Providence a daigné l'élever; quand enfin il remplit les devoirs de la charité, dans le véritable esprit de l'Évangile, l'aumône, c'est-à-dire cette opération qui doit rétablir par les dons volontaires l'équilibre rompu par la force des circonstances, n'est plus, comme le lui reprochent faussement les écoles socialistes, le signe insultant d'une domination qui ne s'exerce qu'en humiliant celui qui la reçoit; elle devient une fonction intelligente, normale, régulière, d'un grand mécanisme social où la fatalité et l'égoïsme sont remplacés par la liberté et par la charité.

Du reste, lorsque je dis que dans un tel système, il y a lieu à une grandeur morale et à des vertus sublimes que le monde n'aurait pas connues sans cela, je ne pense pas seulement à la charité de celui qui donne et à la résignation patiente du pauvre qui reçoit.

Je vois aussi dans ce commerce entre le riche et le pauvre, (et c'est une des choses qui me frappent toujours le plus vivement dans la pratique de la charité chrétienne), j'y vois pour le riche une sorte d'école où il peut aller apprendre tous les jours le secret des plus grandes choses de l'âme! Les riches qui font la charité comme il faut la faire, c'est-à-dire en se mettant en relations personnelles et directes avec les pauvres, savent bien ce que je veux dire. Ils savent, par une expérience bien souvent renouvelée, ce qu'ils ont puisé pour leur propre compte de générosité, de patience, d'abnégation, de force d'âme, d'héroïsme dans la contemplation de ces vertus cachées, d'autant plus éloquentes qu'elles sont plus humbles, et qui ne se déploient tout entières que dans ces durs combats de la vie où l'âme est tous les jours aux prises avec de grandes douleurs! Et quand un riche charitable a fait pendant un certain temps son apprentissage à une telle école, il ne tarde pas à s'apercevoir que si quelqu'un a gagné dans de telles relations, c'est lui — et que, pour un peu d'or qu'il a porté dans cette mansarde où l'on souffre sans murmure, où l'on prie sans découragement, où on lutte sans défaillance, il y a pris, lui, le secret de ces mâles et fortes vertus sans lesquelles les âmes même les mieux douées par la nature et par la grâce demeurent incomplètes.

Et c'est ainsi qu'il peut y avoir et qu'il y a dans le monde une pauvreté qui pèse d'un très-grand poids dans la balance où s'apprécie la dignité des individus et la valeur morale des sociétés.

II

Mais si une telle pauvreté, résultant des conditions normales de la nature et de la société humaine, et compensant surabondamment les maux inévitables qu'elle entraîne par ce surcroît de grandeur et d'élévation morales qu'elle ajoute au travail de notre liberté et de nos efforts, peut être dite permise et même voulue de Dieu, n'y a-t-il pas une autre forme, ou pour mieux dire, un excès de cette pauvreté qui, résultant uniquement du mépris outrageux, fait des lois de l'Évangile par les individus et par les sociétés, doit être proclamée bien haut un mal dont personne, à moins de n'avoir ni intelligence ni cœur, ne doit prendre son parti? — parce qu'une telle pauvreté, honte et fléau des sociétés modernes, creuse tous les jours parmi nous des abîmes où s'engloutissent à jamais des âmes immortelles, et que, par un juste châtiment, elle est pour l'ordre social lui-même la plus redoutable des menaces!

Ceux-là, je le disais, sont pauvres d'une pauvreté bénie par l'Évangile, qui n'ont d'autre fonds assuré pour vivre que le travail de leurs bras et la confiance en la divine Providence; qui dépendent d'autrui pour leur existence, mais qui, en ne négligeant par leur faute aucune des ressources qui leur sont offertes, non seulement parviennent à répondre, par le strict nécessaire, aux premiers et plus indispensables besoins de la vie, mais encore sont en mesure d'élever convenablement leurs familles et de faire face, par la prudence et l'économie, aux crises passagères qu'il est impossible d'éviter ici-bas.

Mais ceux qui ne trouvent pas de travail, ou qui le trouvent dans des conditions telles qu'ils sont forcés de ruiner leur santé pour gagner à grand'peine le pain de chaque jour;

Ceux qui, malgré ce travail dévorant, ne parviennent que très-difficilement à se pourvoir des choses les plus indispensables, et qui se consument de fatigue pour n'être qu'imparfaitement nourris, à peine vêtus, et logés dans des demeures où la plupart du temps les riches ne voudraient pas mettre leurs animaux domestiques;

Ceux qui, pour ne pas mourir de faim, sont obligés de s'offrir en holocaustes à un système de travail où il n'est tenu nul compte de leur dignité d'êtres intelligents et libres, et où l'oubli absolu de toute préoccupation des âmes réduit des chrétiens à la condition de bêtes de somme;

Ceux enfin qui n'ont d'autre ressource contre le désespoir que la débauche, et qui vont habituellement lui demander, soit le supplément du salaire insuffisant dont leur travail est rémunéré, soit un adoucissement passager et dégradant aux maux terribles qu'ils endurent;

Ceux-là, je le déclare, sont les infortunées victimes d'une pauvreté que Dieu réprouve, parce qu'elle entraîne d'abominables conséquences, et c'est d'une telle misère que l'Esprit-Saint déclare qu'elle est pire que la mort, *melius est mori quam indigere.*

Mais ne me laissé-je point aller ici à des exagérations démenties par les faits? Est-il vrai qu'il y ait dans les sociétés européennes, en France, à Paris, tout près de nous, des hommes, en nombre considérable, qui travaillent, moins pour vivre que pour ne pas mourir, — qui consument leurs forces, leur santé et leur vie sans pouvoir échapper aux conséquences d'une misère terrible, qui les frappe dans tous les sens et les atteint par tous les côtés, — qui se trouvent par là dans une impossibilité presque absolue de s'occuper de leurs âmes et de leurs intérêts immortels, et qui soient comme fatalement engloutis dans un abîme d'immoralité et de vice?

Est-ce seulement dans les peintures fantastiques de tel ou tel romancier moderne que l'on trouve de tels misérables? ou bien ces êtres vivent-ils réellement? Les avons-nous vus et rencontrés? Avons-nous été en contact avec eux? avons-nous pu nous convaincre par nous-mêmes que la réalité était fort souvent plus lamentable que les récits des moralistes et les chiffres des statisticiens?

J'ai indiqué d'abord comme premier trait caractéristique et comme premier abus de cette misère réprouvée de Dieu un travail excessif et disproportionné avec les forces moyennes de la nature humaine.

Je sais qu'en France et à l'étranger, les législateurs se sont préoccupés de ces abus du travail, et ont cherché à protéger au moins les enfants contre l'avidité meurtrière de l'industrie. Mais ce qu'il faut savoir aussi, c'est qu'un grand nombre de cas se trouvent complétement en dehors des dispositions protectrices de la loi, et qu'une concurrence effrénée, armant en quelque sorte les uns contre les autres les innombrables soldats de l'armée industrielle, tous sont moralement obligés de dépasser leurs forces pour ne pas interrompre leur travail un seul jour, et ne pas laisser vide une place que se disputeraient immédiatement dix autres compétiteurs.

Que d'abus d'ailleurs en dehors du travail purement manufacturier, abus que la loi ne saurait atteindre sans violer directement le principe de la liberté individuelle !

Un livre fort consciencieux écrit sur cette matière, parle de pauvres brodeuses des Vosges qui travaillent jusqu'à 18 heures par jour. Mais elles ne sont point en manufactures ; elles travaillent chez elles. La loi n'a rien à y voir [1].

Faut-il d'ailleurs aller jusque dans les Vosges pour voir de ses yeux les incroyables excès de travail auxquels sont condamnées de pauvres femmes, si elles veulent suffire aux exigences les plus indispensables de leur famille et de leur petit ménage ? J'ai vu moi-même, il y a moins d'une semaine, une mère de famille qui passe intégralement trois nuits sur sept, courbée sur un travail de couture destiné à un atelier de confection. — Combien de temps pensez-vous que l'organisation, même la plus vigoureuse, puisse résister à cette privation systématique de sommeil et à ce travail à la lumière si fatal pour la vue ? La pauvre ouvrière ne connaît pas le texte de l'Écriture que j'ai pris pour épigraphe de ce discours ; mais cette lutte terrible, désespérée, contre la misère qui viendra ravager ce pauvre intérieur dès que ce travail homicide aura cessé, n'est-elle pas un commentaire saisissant de ce cri lugubre : « Il vaut mieux mourir que d'être réduit à un tel degré d'indigence. » *Melius est mori quam indigere.*

Et cette autre, également mère, qui, après avoir consacré le jour à soigner ses enfants encore tout petits, prend le soir, quand ils sont endormis et qu'elle-même, épuisée de fatigue, aurait besoin d'un sommeil réparateur, le crochet et la hotte à ramasser les chiffons, et ne rentre au logis que bien avant dans la nuit

[1] Victor Modeste, *Du paupérisme en France*, p. 98.

quand elle a trouvé à peu près l'équivalent du pain du lendemain ?

Quand elle part ainsi le soir, sous la pluie, dans le brouillard,
dans la neige ou dans la boue, laissant ses enfants à la garde de
Dieu, sans doute son courage est soutenu par la pensée que ce
travail nocturne sera la nourriture de ces êtres chéris. Mais si le
lendemain la fièvre, un rhume violent, arrêtent malgré tout
cette héroïque et infortunée mère ; — si la violence de la maladie la cloue elle-même sur le lit, et si, faute d'avoir pu se livrer
à ce dur travail de nuit, elle entend le lendemain ses enfants
lui crier comme à l'ordinaire. « Mère, du pain » et si elle doit
répondre, : « Mes enfants, je suis malade, je n'ai rien à vous
donner, » — comprenez-vous que, pour un cœur maternel, une
telle réponse est pire que la mort ? *Melius est mori quam indigere!*

Dans un livre publié à Londres il y a quelques années et dont
je connais personnellement l'auteur [1] , livre composé au prix
des enquêtes les plus consciencieuses faites au sein des classes
ouvrières, voici ce qu'on peut lire au sujet des excès de travail
dont sont victimes dans la capitale de l'empire britannique un
nombre considérable de créatures humaines, et il y a tout lieu
de craindre que des faits semblables ne se passent dans nos
grande cités, et particulièrement à Paris.

Il y a donc à Londres, dans certains ateliers, des couturières,
qui, pendant l'hiver, à l'époque des grandes commandes, res-
tent à l'ouvrage pendant la nuit; elles mangent en travaillant
et se contentent de quelques heures de sommeil, prises dans un
coin de l'atelier, sans se déshabiller. Faut-il ajouter qu'un des
moyens inventés pour enchaîner ces infortunées à un travail
excessif qui, en quelques années, ruine leur constitution et les
emporte avant l'âge, c'est de leur faire, à haute voix, la lecture
de livres immoraux, de telle sorte que, par un satanique raffine-
ment de cruauté, c'est à travers leurs âmes qu'on tue leurs corps !
Certes, c'est bien à ces âmes immortelles, créées par Dieu à
son image et ressemblance, rachetées par le sang de Notre-
Seigneur Jésus-Christ et plongées dans la boue par les raffinements meurtriers d'une spéculation homicide qu'il faut appliquer la parole de notre texte! Oui, il aurait mieux valu
mille fois pour ces pauvres enfants ou n'être pas nées, ou être

[1] *The Undercurrents overlooked*, t. 1, p. 36, 38.

mortes toutes petites, dans les bras de leurs mères, avec toute la splendeur de leur innocence baptismale, que d'avoir vécu pour tant souffrir d'abord, puis pour être déshonorées et avilies, pour être réservées à tant de misère et à tant de dégradation. *Melius est mori quam indigere!*

L'excès du travail! Je n'hésite pas à dire, mes frères, que Dieu réprouve cette forme et cette conséquence de la misère. Sans doute, il a dit à l'homme déchu de travailler à la sueur de son front[1]; et de quelque travail qu'il s'agisse, travail de l'esprit ou travail des mains, le travail est toujours un effort pénible. Mais Dieu n'a pas entendu que ce fût une servitude abrutissante, et une machine impitoyable destinée à broyer dans la fleur de la vie les victimes qu'elle atteint et qu'elle entraîne dans ses engrenages.

Le second caractère de cette misère excessive, c'est le travail mal rémunéré et récompensé par un salaire insuffisant.

Je n'ai point à faire ici la statistique des professions où il n'y a aucune proportion entre la somme d'efforts donnée par le travailleur et la rémunération pécuniaire qui lui en revient, rémunération qui est dérisoire quand on la met en présence du budget quotidien le plus sévère d'un petit ménage d'ouvriers. Que de pauvres femmes, ne recevant le travail que de deuxième et de troisième main, arrivent difficilement à gagner 60 ou 75 centimes dans une laborieuse journée de 12 heures! C'est là, nous le savons tous, le lamentable secret de ces confections à bon marché, dont on peut dire, sans exagération, qu'elles ne sont trop souvent qu'un tribut levé sur la misère, et une violence faite à des êtres qui sont obligés de la subir, sous peine de mort[2]!

Ici encore, je le répète, ce n'est point la pauvreté que Dieu permet, c'est une cruelle exploitation des forces de l'homme que

---

[1] Inutile de faire remarquer ici contre une erreur généralement répandue parmi les économistes hostiles au christianisme que la loi du travail avait été donnée à l'homme avant la chute et que par conséquent, en elle-même, elle n'est pas un châtiment. Voir les textes si décisifs du livre de la Genèse ignorés ou systématiquement méconnus par les adversaires (Genèse II, 5 et 15).

Pour plus de détails, je renvoie encore au livre de M. Victor Modeste, 1e partie.

Dieu condamne et réprouve, parce qu'elle est contraire au droit naturel et que, s'il a permis des inégalités sociales, ce n'est pas pour que certaines classes d'hommes fussent réduites par le désespoir à jeter aux échos du ciel et de la terre ce cri lugubre : En vérité, mieux vaudrait mourir tout d'un coup, que de mourir tous les jours de cette mort lente qui s'appelle la misère,

La misère, c'est-à-dire le manque du strict nécessaire :

La misère, c'est-à-dire l'aiguillon de la souffrance et de la faim continuellement ressenti ;

La misère, c'est-à-dire le poids écrasant d'un travail sans relâche, sans rémission, sans pitié ;

La misère, c'est-à-dire avec tout cela et plus que tout cela, les angoisses incessantes de l'âme, et cette dévorante inquiétude qui, comme une fièvre pernicieuse, mine rapidement et consume la vie : *melius est mori quam indigere!*

Ah! pourquoi nos sociétés modernes, avec tous les raffinements de leur luxe et de leur civilisation, n'ont-elles pas gardé vis-à-vis du travailleur humain, de la créature intelligente et immortelle, courbée 16 et 18 heures par jour sur l'instrument de son labeur, la loi si pleine de mansuétude et de compassion que Moïse avait dictée aux Hébreux pour l'animal qui les aidait dans les travaux de la moisson? Pour moi, quand la loi mosaïque n'aurait d'autre argument à invoquer en faveur de son origine divine que le magnifique texte du Deutéronome : « Vous « ne lierez pas la bouche au bœuf qui foule le blé dans votre « aire, *non alligabis os bovi trituranti (Deut. XXV),* » je sentirais à cette tendre compassion les inspirations d'une charité plus qu'humaine!

Oui, chez les Hébreux, le bœuf était assuré d'avoir de son travail même sa nourriture et son salaire; et, contre les avaricieuses précautions d'un maître qui aurait voulu faire travailler cet animal sans le nourrir, la loi était intervenue. Il était interdit de lui lier la bouche ; et de temps en temps, après avoir broyé les épis sous ses pieds pour en faire jaillir le grain, le bœuf pouvait s'arrêter, se baisser, se nourrir, reprendre des forces et continuer sa tâche.

Eh bien! ce que la loi hébraïque garantissait au laborieux animal, compagnon des travaux de l'homme, rien ne le garantit aux travailleurs de nos grandes cités. Eux aussi sont courbés tout le jour sur leur travail! Mais leur bouche est liée; et quand, de leurs sueurs et de leurs veilles, ils ont rempli les greniers de celui qui les exploite, eux reviennent presque à jeun à un foyer désolé, et ne rapportent, d'une écrasante journée de labeur, qu'un salaire insuffisant pour entretenir leurs forces et retourner le lendemain à cette terrible bataille.

Aussi qu'arrive-t-il? car il faut avoir le courage d'aller jusqu'aux dernières conséquences de cet état affreux de misère : c'est qu'en France seulement il y a deux millions d'êtres humains[1] pour qui la vie est une souffrance continuelle et affreuse, et que le travail même ne protége ni contre la faim, ni contre le froid, parce que, malgré tous leurs efforts, ils sont insuffisamment et misérablement nourris, insuffisamment et misérablement vêtus.

D'où il résulte encore, pour la durée probable et moyenne de la vie humaine, une scandaleuse différence entre les classes élevées et les classes inférieures de la société! Ainsi, en Angleterre, tandis que la vie moyenne de l'aristocratie s'élève à 44 ans, elle n'est que de 25 ans pour le commerce, et s'abaisse à 22 pour les classes ouvrières[2]. Et, chez nous, on a pu établir, les chiffres en main, que, dans une de nos villes manufacturières, tandis que la vie probable était de 29 ans pour l'enfant du fabricant à sa naissance, elle était de moins de 2 ans pour l'enfant de l'ouvrier[3].

Or, je vous le demande, en permettant qu'il y eût des riches et des pauvres, Dieu peut-il avoir voulu que le travail, dans les sociétés modernes, fût semblable à ces cruelles divinités du paganisme qui exigeaient des hécatombes de victimes humaines! Est-ce à lui et à son plan providentiel qu'il faut rapporter ces effroyables abus, ou bien aux hommes, à leurs cupidités meurtrières, à cette soif de jouissance et de bien-être qui fait que « les hommes de joie et les hommes de proie, » comme un grand cœur les a si justement appelés[4], ne reculant devant aucun obstacle pour asseoir l'édifice de leurs insolentes prospérités ne se demandent pas ce que deviendront ces pauvres qui fuient sous le marteau des démolisseurs, ces ouvriers qui luttent contre une

[1] V. Modeste, p. 88.
  Ib., p. 99.
[2] M. Villermé, *Journal des Économistes* de novembre 1853.
[3] Le P. Gratry.

concurrence impossible, et ces générations entières que broie, avec la rapidité d'une machine à vapeur, une misère plus redoutable que la mort? *Melius est mori quam indigere.*

Mais j'oublie que, de toutes les conséquences de cette misère, j'ai laissé de côté jusqu'à présent celles qui ont le plus de droits à nos sollicitudes. Les corps souffrent et sont sacrifiés dans ce système. Que dire des âmes? de ces âmes immortelles dont nous devons avant tout chercher à procurer le salut?

Les corps souffrent de la faim et de la nudité, et les âmes sont condamnées à une monstrueuse ignorance sur ce qu'il importe le plus à l'homme de connaître en ce monde!

Pensée effrayante! dans une grande cité comme celle-ci, combien y a-t-il, dans une année, d'êtres raisonnables et intelligents que la mort envoie dans l'éternité, sans que jamais ils se se soient préparés à l'éternité!

Mais l'ignorance, jointe à la misère, n'est-elle pas presque nécessairement un principe de corruption? L'homme a un invincible besoin de bonheur. S'il ne le cherche pas au-dessus de lui, il ira certainement le demander aux joies vulgaires, grossières et coupables. De là ces ravages que l'immoralité opère tous les jours sous nos yeux, précisément dans ces régions de la société où la misère excessive fait déjà endurer tant de souffrances! De là ces milliers de victimes que la débauche et la prostitution dévorent, et pour lesquelles elles accélèrent le moment où elles seront appelées à rendre compte au souverain Juge de ces âmes, qui n'avaient été créées que pour connaître, aimer et louer Dieu sans fin?

Ah! je n'ai pas besoin, il me semble, de vous demander si Dieu a pu vouloir un système dans lequel l'excès de la misère est habituellement accompagné de l'excès du vice, et qui est pour un grand nombre d'âmes immortelles la cause d'une irréparable ruine!

Que si, très-certainement, en parlant de la pauvreté et des pauvres, Notre-Seigneur Jésus-Christ n'a point voulu de ces horribles conséquences de l'indigence absolue; si ce cœur, qui a tant aimé les hommes, saigne de compassion et de pitié sur ces souffrances des corps et des âmes: *Misereor super turbam!* nous, non plus, qui sommes les enfants de Jésus-Christ, nous n'en devons vouloir, ni pour nos frères qu'elles oppriment, ni pour nous, à qui elles imposent une trop effrayante responsabilité.

Aussi, je vous en conjure, que personne de vous ne se résigne à ces épouvantables conséquences de notre système social actuel, comme à un mal inévitable et inguérissable! Que nul de vous ne souscrive à ces axiomes sacriléges qui courent le monde, et en vertu desquels ceux qui ont et qui jouissent déclarent tranquillement qu'il n'y a rien à essayer ni à faire pour diminuer les souffrances physiques et la misère morale de leurs frères ! ·

Mais quoi ! qu'essayer ? que tenter ? que faire ?

Il est bien facile de signaler le mal. — Mais le remède, où est-il ?

III

Si ces maux, disent quelques-uns, viennent de la mauvaise constitution de la société, de l'organisation défectueuse du travail, des prétentions injustes de ceux qui, par le capital et par la commande, tiennent entre leurs mains la vie des travailleurs, — il faut briser tout cela. — Il faut une révolution sociale, et si les riches et les capitalistes ne font pas leur devoir de bon gré, on les y contraindra par la force.

Pauvre remède que celui-là, mes Frères! et si c'était la conclusion pratique à laquelle dût aboutir ce discours sur les excès de la misère, j'aurais rendu un bien mauvais service à ceux dont j'avais entrepris de plaider la cause, car jamais révolution brutale ne fut un remède aux maux de la société. Il est au contraire d'expérience qu'ils s'enveniment et s'exaspèrent lorsque la violence et la haine aveugle mettent entre les mains de ceux qui souffrent l'arme de la vengeance. Briser une société par la révolution, parce qu'il y a des abus dans cette société, c'est le procédé à la fois colère et puéril de l'enfant ou de l'idiot qui jetterait une montre sur le pavé et la briserait en mille pièces, sous prétexte qu'elle ne marche pas bien.

Un système mûrement combiné et prudemment appliqué d'institutions de prévoyance et de lois destinées, sans porter atteinte à la liberté indispensable des transactions, à établir un plus juste équilibre entre les labeurs de ceux qui travaillent et la rémunération de leurs labeurs, ne diminuerait-il pas l'excès des maux que j'ai indiqués? — Je le crois. C'est là la noble et sainte mission des législateurs, des économistes, des administrateurs, de tous ceux qui, par leur position, peuvent exercer quelque influence sur la marche des sociétés et qui ont autorité pour toucher aux rouages puissants ou délicats qui en composent le mécanisme. Mais je ne suis pas venu ici pour faire un traité de législation ou d'économie politique, et je laisse à de plus compétents que moi la mission de chercher et de trouver dans cette direction d'idées, des palliatifs et des remèdes efficaces aux abus épouvantables du paupérisme moderne.

Toutefois, en me tenant en dehors de ces questions scientifiques, et en restant sur le terrain de l'Évangile, je dois à ma conscience et je dois à vos âmes d'indiquer le remède qui est vraiment entre nos mains.

C'est une pratique plus complète et plus intelligente de la charité ;

C'est une préoccupation plus constante et plus cordiale des terribles souffrances des classes pauvres ;

C'est la conviction très-ferme que si, dans une société comme la nôtre, même à un moment où le flot du paupérisme semble tous les jours monter plus haut, et désespérer les efforts des hommes de bonne volonté, chacun de ceux auxquels la Providence a donné un peu plus que le nécessaire, voulait faire son devoir, nous aurions résolu en grande partie ce difficile et douloureux problème !

Oui, on a calculé pour cette seule ville de Paris[1] (et à plus forte raison ce calcul vaudrait-il pour le reste de la France, où il y a proportionnellement bien moins de misères et des misères moins navrantes qu'ici), on a calculé que si, à Paris, chacun de ceux qui se suffisent voulait remplir sérieusement, consciencieusement le devoir de l'aumône et de l'assistance chrétiennes, il n'y aurait plus dans Paris de ces misères criantes qui, pour ceux qui les souffrent, sont pires que la mort !

Il est donc vrai de dire, et ceci c'est la science qui l'établit par des chiffres irréfutables, que les riches de cette grande ville tiennent entre leurs mains le sort et la vie même de milliers de pauvres !

Oui, certes, si chacun voulait comprendre et s'appliquer la

[1] Statistique publiée par M. Cochin, ancien maire du Xe arrondissement.

loi évangélique nécessaire du renoncement, du sacrifice, de l'abnégation ;

Si on savait mettre des bornes à ce luxe insensé qui dépense tous les jours en pure perte, pour des futilités dont personne ne profite—pas même celui qui se les procure,—des sommes folles ;

Si on regardait comme un devoir premier, inexorable, n'admettant aucune transaction, — aussi obligatoire que le devoir de prier Dieu — le devoir de la charité, mais de la charité sérieuse, de celle qui ne se contente pas de donner une fois ou dix fois en passant à la misère qui la sollicite ou au zèle qui l'importune, — mais qui pense toujours aux souffrances des pauvres, afin de leur faire tous les jours une part dans ses épargnes ;

Si surtout nous avions le courage de nous mettre tous en rapports directs et personnels avec les pauvres, de manière à voir de nos yeux et à toucher de nos mains ces maux terribles de la misère auxquels nous croyons à peine sur la foi d'autrui ;

Je dis que si tous nous faisions cela, nous aurions résolu le redoutable problème par le moyen le plus évangélique, le plus pacifique et le plus sûr.

Mes Frères, quand nous vous parlons des mystères de la foi, nous sommes obligés de vous dire : croyez-nous sur parole, car notre parole n'est que l'écho de la vérité infaillible de Dieu.

Aujourd'hui, j'oserais presque vous demander de ne pas me croire sur parole — mais d'aller voir vous-mêmes, de faire une enquête personnelle.

— Je vous parle pour les pauvres de Montrouge ; allez vous-mêmes (ce n'est pas au bout du monde) — vous assurer auprès des sœurs de charité de Montrouge si réellement il y a des misères comme celles que j'ai décrites.

Oui, je voudrais que vous me dissiez ce soir, comme Thomas aux autres apôtres qui affirmaient avoir vu le Seigneur, je voudrais que vous me dissiez : « Si je ne vois dans ses mains la « marque des clous, et si je ne mets mon doigt dans la plaie « des clous, et ma main dans son côté, je ne croirai pas! » (*S. Jean*, XX, 25-27.)

Et moi, je vous répondrai comme le Sauveur à l'apôtre : « Thomas, porte ici ton doigt et regarde mes mains; approche ta main et mets-la dans mon côté et ne sois plus incrédule, **mais croyant !** »

Oui, faites cela, mes Frères! allez voir de vos yeux, allez toucher de vos mains le corps ensanglanté de ce crucifié, qui s'appelle l'indigent de nos grandes cités!

Une heure d'entretien avec ces charitables sœurs vous en apprendra plus sur la vraie situation de ces pauvres que vous n'en auriez appris autrement en plusieurs années.

Elles vous montreront ce petit registre où elles consignent les noms et les adresses des familles qu'elles visitent, avec l'indication exacte du nombre des enfants, de la profession du père et de la mère, des circonstances particulières de chômage ou de maladie qui aggravent la misère habituelle!

Elles vous diront comment, outre 3,000 familles pauvres inscrites au bureau de bienfaisance, elles en ont à peu près autant à secourir, qui ne peuvent être inscrites, parce que dans ces familles il y a moins de trois enfants!

Aux premières, dont chacune en moyenne représente six ou sept personnes, l'administration de l'assistance publique donne par mois quelques bons de pain, de bouillon ou de bois, ce qui, pour des familles si nombreuses, est une affaire de deux ou trois jours.

Les autres, dont le chiffre moyen est de cinq personnes au moins, sont entièrement à la charge de ces bonnes sœurs!

C'est en pénétrant dans l'intérieur de ces familles qu'on voit ici, un paralytique couché sous un escalier; là, des enfants n'ayant d'autre lit que de la paille et des chiffons humides et malpropres; ailleurs, un mourant entouré d'une famille en pleurs où les petits enfants crient du pain, tandis que la mère essaie d'obtenir un délai pour le paiement du loyer; plus loin, — et c'est à peine si j'ose dire ce détail qui vient froisser tout ce qu'il y a de plus intime et de plus délicat dans la pudeur des affections domestiques, — cette famille de sept personnes, le père, la mère et cinq enfants, n'ayant qu'un seul lit, et ne pouvant faire autrement, parce que la chambre, pour laquelle cependant on paie le loyer exorbitant de 130 francs, ne serait pas assez grande pour en recevoir un second!

C'est là qu'on apprend comment il y a quelques, mois, avant qu'un règlement administratif, dicté par l'humanité, eût prescrit aux officiers de l'état civil d'aller enregistrer les naissances à domicile, on voyait, à la mairie de Montrouge, apporter des nouveau-nés, non pas tout nus, mais enveloppés, savez-vous dans quoi?..... enveloppés dans un journal, comme une denrée vulgaire! parce que la pauvre accouchée n'avait même pas un lambeau de linge, un morceau de chiffon assez grand pour protéger contre les injures de l'air, cet enfant — ce fils de l'homme — cette image vivante du Dieu vivant — ce membre de Jésus-Christ!

Mes Frères, si ce détail nous venait du Japon ou de la Chine, nous en frémirions d'horreur! ou nous crierions à l'invraisemblance! Moi, je vous affirme que le fait est vrai, et je vous conjure de vous en aller assurer vous-mêmes! et je vous répète de toutes les forces de mon âme : « Oui, mettez vos doigts dans ces « plaies; plongez vos mains dans ces blessures ! »

Et puis après, laissez parler et agir vos cœurs!

Déjà, pour ce seul mois de janvier, les sœurs ont eu 800 visites de malades à faire. — L'année dernière, en 1868, elles en avaient eu 6180 pour les douze mois. Si cette année, la même proportion continue, ce chiffre sera certainement dépassé.

Or, où les sœurs trouveront-elles de l'argent pour les remèdes, pour le pain, pour les couvertures, pour les vêtements les plus indispensables? où du bois pour les malades, des langes pour les nouveau-nés, des chemises, des blouses et des souliers pour les 600 petits enfants auxquels elles ouvrent leur asile et leurs salles de classes, et qui, la plupart du temps, leur arrivent à moitié nus? Où enfin l'entretien de ces 45 orphelines qu'elles ont recueillies et auxquelles elles apprennent à travailler?

Je vous l'ai dit, mes Frères, en commençant ce discours, et ce sera mon dernier mot en le terminant : uniquement dans la quête qui va être faite.

Moi, j'ai mis au service de cette cause sacrée ma parole, et j'aurais voulu y ajouter ces larmes que saint Augustin appelle si éloquemment « le sang du cœur. »

Et maintenant, vous qui avez de l'or, donnez-en, donnez-en beaucoup en expiation des folies insensées qui, pendant ces trois jours et ces trois nuits, vont faire dépenser, ici en fêtes splendides et là en orgies grossières, de quoi nourrir tous les pauvres de cette grande cité; vous qui avez tout juste le strict nécessaire, mettez votre obole dans la bourse des quêteuses, cette obole sera bénie et pour vous et pour les pauvres !

Et tous, mes Frères, puissions-nous emporter dans nos âmes cette douce et profonde joie, qu'en associant nos efforts et notre charité nous aurons assuré pour un an le sort des 20,000 pauvres de Montrouge.

Ainsi soit-il.

LA QUÊTE A ÉTÉ FAITE PAR

Mmes Alphonse **Dano** — 15, avenue de la Reine-Hortense ;

Dauvin — 89, rue Richelieu ;

Léon **Gautier** — 6, rue Furstenberg ;

Goupil de Préfeln — 34, rue Taitbout ;

Édouard **Laboulaye** — 34, rue Taitbout ;

Sébastien **Laurentie** — 18, rue du Pré-aux-Clercs ;

Félix **Le Couppey** — 47, rue Laffitte ;

la V^{sse} Charles de **St-Priest** — 11, rue de Douai ;

Oscar **de Vallée** — 8, rue de Berri ;

et Mlles Claire **Charpentier** — 40, rue de Rome ;

Marie **Kuvel** — 34, rue de Douai ;

B. **Royer** — 8, rue de Berri ;

Carrie **Sims** — 47, rue du Faubourg-Saint-Honoré.

†

Les offrandes seront reçues par les Dames quêteuses, par la Sœur supérieure de l'orphelinat Sainte-Marie (place de la Mairie au Petit-Montrouge, 14ᵉ arrondissement), par M. le curé de Saint-Germain l'Auxerrois, et par le R. P. Adolphe Perraud, à l'Oratoire, 11, rue du Regard.

www.ingramcontent.com/pod-product-compliance
Lightning Source LLC
Chambersburg PA
CBHW060807280326
41934CB00010B/2587